978 606 7041248

D1655301

Pentru tatăl meu, care m-a încurajat să călătoresc.
Pentru nepotul meu, Fergus, sper să ajungi departe – S.P.C.
Pentru Rosemary Sandberg – J.R.

UNIVERS ENCICLOPEDIC BOOKS
Univers Enciclopedic Junior
Str. Luigi Cazzavillan nr. 17, sector 1, București, 010784
Tel.: 0371 332 838

e-mail: difuzare@universenciclopedic.ro
www.universenciclopedic.ro

Tiparul executat la Regia Autonomă „Monitorul Oficial"

Traducător: Irina-Ruxandra POPA

Tehnoredactor: Mariana MÎRZEA

Descrierea CIP a Bibliotecii Naționale a României
Clayton, Sally Pomme
    Miturile Greciei / Sally Pomme Clayton ; il.: Jane Ray ; trad.: Irina-Ruxandra Popa. – București : Univers Enciclopedic Gold, 2015
        ISBN 978-606-704-124-8
I. Ray, Jane (il.)
II. Popa, Irina Ruxandra (trad.)
821.111-32=135.1
292.11

Greek Myths
Stories of Sun, Stone and Sea

Text copyright © Sally Pomme Clayton 2012, 2014
Illustrations copyright © Jane Ray 2012, 2014
First published in Great Britain in 2012 and in the USA in 2013 by Frances Lincoln Children's Books
This edition published 2014

Toate drepturile asupra versiunii în limba română
sunt rezervate Editurii Univers Enciclopedic Gold.

MITURILE GRECIEI

POVEȘTI DESPRE SOARE, PIATRĂ ȘI MARE

SALLY POMME CLAYTON
ILUSTRAȚII DE JANE RAY

CUPRINS

HARTA GRECIEI ANTICE   8

LUMEA MITOLOGIEI GRECEȘTI   9

CREAȚIA   10
GIGANȚI ȘI ZEI

FATA ÎNZESTRATĂ CU TOATE DARURILE   17
PANDORA

MĂSLINUL SAU MAREA CEA SĂRATĂ?   22
ATENA ȘI POSEIDON

PIATRA VORBEȘTE   26
PERSEU ȘI MEDUZA

O DORINȚĂ ÎNGROZITOARE   35
PAN ȘI MIDAS

CALUL ZBURĂTOR 40
PEGAS

TREI MERE DE AUR 46
ATALANTA

CĂLĂTORIE ÎN LUMEA DE DINCOLO 54
ORFEU ȘI EURIDICE

O TAINĂ ÎMPĂRTĂȘITĂ 62
APOLLO ȘI MIDAS

POVESTEA PĂIANJENULUI 69
ARAHNE

INDICE – ZEI ȘI EROI 75

BIBLIOGRAFIE 77

HARTA GRECIEI ANTICE

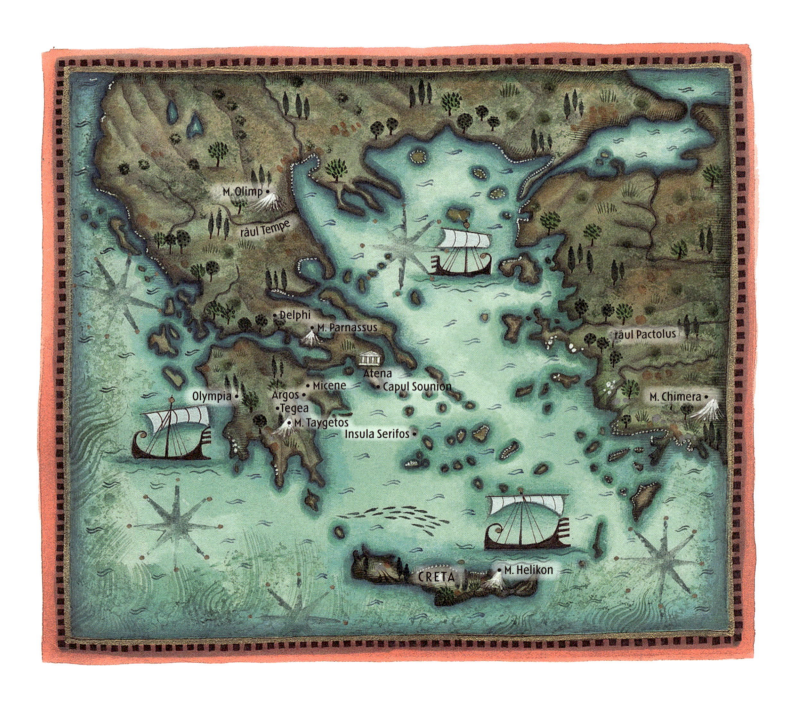

LUMEA MITOLOGIEI GRECEŞTI

Viaţa în Grecia Antică nu era deloc uşoară! Trebuia să-ţi cultivi, să-ţi faci sau să-ţi procuri toate lucrurile de care aveai nevoie. Ca să supravieţuiască, grecii antici depindeau de pământ, de râuri şi de mare. Ei credeau că Zeii se află peste tot. Şi era important să-i aminteşti pe Zei, ca să le câştigi bunăvoinţa.

Imperiul Greciei Antice era mai mare decât Grecia de astăzi, întinzându-se până în Turcia, Italia, Africa de Nord şi de-a lungul ţărmului Mării Negre. Miturile variau în funcţie de diversele regiuni. Fiecare zonă avea Zeii şi eroii săi preferaţi, care erau strâns legaţi de peisajul specific. Aceste locuri încă există. Le puteţi găsi pe harta noastră sau le puteţi vizita voi înşivă. Ruinele templelor şi palatelor, munţii şi râurile pot fi văzute şi astăzi. Lumea mitologiei greceşti este vie şi face parte din peisaj.

În aceste locuri reale se ascunde o lume nevăzută. Lumea mitică a monştrilor, a magiei şi a unor uimitoare fapte vitejeşti. Lumea mitologiei greceşti descrie o altă realitate, în care Zeii se află pretutindeni, iar eroii se luptă să descopere cine sunt cu adevărat.

Îmi petrec foarte mult timp în Grecia. Îmi imaginez cum era viaţa atunci şi încerc să înţeleg semnificaţia miturilor. Peisajul este dominat de un soare arzător, de o piatră prăfuită şi de o mare albastră. Imaginile soarelui, pietrei şi mării se repetă la nesfârşit în mituri, sub forma celor trei zei: Zeus, Hades şi Poseidon. În paginile ce urmează veţi găsi acele poveşti nemuritoare, aşa cum mi le-am închipuit eu.

CREAȚIA

GIGANȚI ȘI ZEI

La început, Tatăl Cer atârna deasupra Mamei Pământ. Însă prea aproape! Iarba creștea și florile înfloreau. Dar nu era destul loc pentru copaci sau pentru munți.

Când Mama Pământ dădu naștere la doisprezece copii, ei nu aveau loc să crească. Cei șase fii și cele șase fiice ale sale se târau. Iar atunci când încercau să se ridice, nu izbuteau. Se loveau cu creștetul de Tatăl Cer. Copiii se făcură din ce în ce mai mari. Deveniră niște giganți. Titanii. Capetele și umerii lor împingeau cerul.

– Opriți-vă din crescut! tună Tatăl Cer. Nu mai împingeți! Mă dați la o parte.

Cerul se împinse și el. Își împinse copiii în jos. Îi împinse în lumea de dincolo, în adâncul Pământului.

Mama Pământ era furioasă. Ea făuri un cuțit dintr-o piatră ascuțită și strigă:

– Copii, luați acest cuțit și croiți-vă drum afară de-aici!

Fiul ei cel mare, Cronos, înhăță cuțitul. Așteptă să se facă noapte, apoi, la adăpostul întunericului, se ridică și flutură lama acestuia. Cronos spintecă Cerul, desprinzându-l de Pământ.

Tatăl Cer începu să plutească în sus. Strigă mânios:

– Copiii tăi se vor purta cu tine tot așa cum te-ai purtat tu cu mine!

Dar Tatăl Cer pluti departe. Și de atunci încolo, cerul a rămas foarte, foarte departe de pământ.

Cronos își îndreptă spinarea cocoșată și își ridică fruntea sus. În sfârșit, putea să stea drept.

– Vremea Giganților a început! strigă el.

Titanii stăpâneau lumea. Cronos deveni rege, iar sora lui cea mică, Rhea, regină. În prăpastia dintre cer și pământ apăru viața.

Cronos și Rhea avură o fetiță, pe nume Demetra.

Când Cronos își luă copila în brațe, îi răsună în minte un glas ca un ecou. Era tatăl său care-i spunea: „Copiii tăi se vor purta cu tine tot așa cum te-ai purtat tu cu mine!"

Cronos privi lung copila. Nu vroia să fie înlăturat. Aşa că ridică fata până în dreptul gurii sale uriaşe şi o înghiţi cu totul. Rhea mai aduse pe lume încă patru copii. Două fete – Hestia şi Hera. Şi doi băieţi – Hades şi Poseidon. Dar Cronos îi înghiţi pe toţi!

Când Rhea născu al şaselea copil, un băiat, se îngrozi la gândul că-l va pierde şi pe acesta. Îi dădu numele Zeus, apoi îl aşeză pe pământ şoptind:

– Mamă Pământ, ajută-mă! Cronos se poartă întocmai ca tatăl său. Se teme de proprii copii şi îi devorează. Mamă Pământ, salvează-ţi nepotul!

Pământul murmură. Apoi se deschise în el o crăpătură, iar pruncul Zeus dispăru înăuntrul ei.

Rhea luă o piatră mare, o înveli într-o pătură şi o puse în leagăn. Piatra arăta ca un prunc nou-născut.

Când Cronos dădu cu ochii de piatra înfăşată, spuse:

– Încă unul?

Înhăţă piatra şi-o înghiţi cu totul!

Mama Pământ îl purtă pe pruncul Zeus până la o insulă îndepărtată, care se numea Creta. Acolo îl ascunse pe micuţ în peştera unui munte. Iar nimfele, spiritele muntelui, îl crescură cu dragoste.

Ele atârnară un leagăn de aur înăuntrul peşterii. Îl legănară pe copil şi-i cântară. Îl hrăniră cu lapte de capră proaspăt şi miere dulce. Îl învăţară tot soiul de farmece ca să stăpânească vremea – cum să facă soarele să iasă de după nori, ori cum să prindă fulgerele. Îi dezvăluiră tainele magice ale plantelor – unele flori puteau vindeca, în vreme ce unele rădăcini erau otrăvitoare.

Când Zeus ajunse la vârsta bărbăţiei, merse să adune rădăcini otrăvitoare. La adăpostul întunericului, călători pe mare până ce ajunse la Rhea. Zeus îi dădu rădăcinile mamei sale, care le pisă până făcu din ele o pulbere. Apoi ea luă această pulbere şi-o strecură în vinul lui Cronos.

Cronos bău vinul cu lăcomie. Pe dată se simți rău. Stomacul îi fierbea. Deschise gura și își aruncă afară copiii, unul câte unul. Erau vii și nevătămați, pentru că Cronos îi înghițise pe de-a-ntregul. Demetra, Hestia, Hera, Hades și Poseidon erau încă în viață! Apoi, chiar la urmă, scuipă și piatra!

Se auzi un tunet și își făcu apariția Zeus, care ținea în mână un fulger.

– Mamă Pământ, strigă el, înghite-ți fiul și salvează lumea!

Pământul vui, apoi se deschise și Cronos fu tras în adâncul său, într-o temniță de flăcări, și-acolo a rămas până în ziua de azi.

Apoi Zeus strigă:

– Vremea Giganților s-a încheiat. Să înceapă vremea Zeilor!

Acum Zeii conduceau lumea.

Zeus deveni Zeul Cerului. Rege al Cerurilor. Strălucitorul conducător al tuturor.

Hades deveni Zeul Infernului, al Lumii de Dincolo. Stăpânul Morților.

Poseidon deveni Zeul Mării, stârnind furtuni sau liniștind apele.

Celor trei frați, păzitori ai soarelui, pietrei și mării, li s-au alăturat trei surori.

Demetra a devenit Zeița Grânelor, care făcea holdele să crească.

Hestia deveni Zeița Căminului.

Hera deveni soția lui Zeus, Regină a Cerurilor.

Zeii își construiră un palat pe vârful înzăpezit al Muntelui Olimp, cel mai înalt din Grecia. S-au mai născut și alți Zei.

Atena, Zeița Războiului și a Înțelepciunii.

Hefaistos, Zeul Fierar al Focului.

Apollo, Zeul Muzicii și al Luminii.

Hermes, Mesagerul Zeilor.

Afrodita, Zeița Dragostei.

Pan, Zeul Naturii.

Zeus luă piatra şi o azvârli în aer. Aceasta căzu chiar în mijlocul Pământului, pe Muntele Parnassus.

– Iată Buricul Pământului! spuse Zeus. Construiţi un templu în jurul pietrei, ca aceasta să poată vorbi.

Astfel a fost construit Templul din Delphi. Iar oamenii veneau să vadă piatra magică, îi puneau întrebări şi îi ascultau răspunsurile.

Cei doisprezece Zei Olimpieni trăiau pe vârful muntelui, într-un palat făcut din marmură şi aur. Vârful muntelui era mereu învăluit în ceaţă, în aşa fel încât oamenii să nu-i poată vedea pe Zei. Dar uneori Zeii îndepărtau norii, priveau către Pământ şi interveneau în viaţa acestora.

Templul din Dephi se află încă acolo, pe colinele Muntelui Parnassus. Puteţi să urcaţi pe Drumul Sacru, aşa cum făceau odinioară vechii greci, şi să vizitaţi piatra oracol.

FATA ÎNZESTRATĂ CU TOATE DARURILE

PANDORA

După ce Cronos a dispărut, ceilalți Titani au fugit care-ncotro. Unii s-au ascuns în munți, unde sprijineau pietre și stânci. Un Gigant s-a ascuns pe fundul oceanului, dând naștere mareelor. Alții locuiau printre stele, făcând universul să se învârtă și păstrând stelele pe orbita lor. Un Gigant ținea însuși cerul.

Doi Giganți, Prometeu și fratele său Epimeteu, se ascunseră printre copaci. Prometeu luă o mână de lut și îl frământă între degetele lui uriașe. Răsuci câteva bucățele în forme alungite și altele rotunde, apoi le uni între ele, făcând astfel capete, trupuri, brațe și picioare. El umezi lutul și le netezi încheieturile. Formele se zvârcoliră și se clătinară, apoi prinseră viață. Prometeu făcuse oameni. Făpturi omenești!

Grozav le mai plăcea celor doi Giganți să se joace cu omuleții. Dar au observat că aceștia erau înfrigurați. Trupurile lor nu erau acoperite cu blană sau lână, asemeni animalelor, și, atunci când se făcea noapte, omuleții tremurau de frig.

Așa că, dis-de-dimineață, Prometeu își întinse brațul în văzduh. El ajunse dincolo de Muntele Olimp, sus, tot mai sus, până la soarele luminos. Fură una dintre flăcările acestuia și le-o dădu omuleților. Acum făpturile omenești aveau foc! Se puteau încălzi, își găteau mâncarea și, noaptea, stăteau în tihnă adunați în jurul focului și spuneau povești.

Zeus simți miros de carne friptă. El dădu la o parte norii de pe vârful Muntelui Olimp, privi în jos și văzu focuri aprinse.

— Soarele este al meu! strigă el mânios. Cum aţi îndrăznit să-mi furaţi focul? Veţi fi pedepsiţi!

Zeus îi porunci Zeului Fierar, Hefaistos, să făurească o fată.

Hefaistos putea face orice. Făurise chiar şi nişte ucenici mecanici care să-l ajute la treburi. Se duse în atelierul său, iar Zeii se înghesuiră să privească. Slujitorii mecanici puseră lemne pe foc şi suflară ca să-l înteţească. Apoi Hefaistos puse mâna pe ciocan şi îşi luă cleştele. Bătu metalul. Bătu şi bătu, stând încovoiat de spate, până ce făuri o fată strălucitoare!

Zeus suflă peste ea şi-i dădu viaţă.

— Am să-i fac un dar, spuse Afrodita, atingând-o cu mâna. Îi dăruiesc frumuseţe!

Părul fetei se făcu lung, negru şi cârlionţat. Ochii ei străluciră, iar gura deveni trandafirie.

— Eu am să o îmbrac, spuse Atena şi-i ţesu un veşmânt cu fir de argint.

— Eu am să-i dăruiesc o mantie, spuse Hera şi i-o prinse pe umeri cu două broşe de aur.

Apoi Hestia îi împleti fetei părul şi-i puse o cunună de flori pe cap.

— Fata asta este capcana perfectă, spuse mulţumit Zeus.

— Îi lipseşte totuşi ceva, spuse vicleanul Hermes, schiţând un zâmbet. Am s-o înzestrez cu darul curiozităţii.

— Numele ei va fi Pandora, spuse Zeus. Asta înseamnă toate darurile. Mai am încă un ultim dar pentru ea.

Zeus îi dădu Pandorei un vas de lut frumos pictat, care era acoperit cu un capac.

— Orice s-ar întâmpla, o preveni Zeus, să nu cumva să deschizi acest vas.

Hermes zâmbi răutăcios.

Şi, ţinând în mână vasul, Pandora fu trimisă jos, pe Pământ.

– Să vedem ce daruri va împărţi fata aceasta, spuse Zeus.

Gigantul Epimeteu o găsi pe Pandora mergând singură prin pădure.

– De unde vii? o întrebă el. Nu eşti din neamul nostru?

Pandora scutură din cap în semn că nu. Epimeteu o duse acasă, la fratele său.

Prometeu zise:

– Nu poate să rămână aici. Ar putea fi o capcană trimisă de Zei.

Dar Epimeteu se îndrăgostise de frumuseţea nepământeană a Pandorei şi nu voia s-o lase să plece. Aşa că fata rămase acolo şi îi deveni nevastă.

Pandora ţinea mereu lângă ea vasul pictat. Uneori îşi plimba degetele în jurul capacului acestuia, întrebându-se ce se afla acolo. Îşi amintea însă vorbele lui Zeus şi nu-l deschidea. Dar era din ce în ce mai curioasă. Scutură vasul şi auzi ceva zbătându-se înăuntru. Îşi lipi urechea de peretele lui şi auzi nişte glasuri. Nişte glăscioare care strigau:

– Lasă-ne să ieşim! Lasă-ne să ieşim de-aici!

Pandora ardea de curiozitate. Trebuia să afle ce se afla înăuntrul vasului. Şi, într-o zi, ridică încet capacul acestuia.

Auzi un zumzet şi din vas ţâşniră nişte făpturi mici, înaripate. Aveau dinţi veninoşi şi pliscuri, boturi rânjite şi cozi cu vârf ascuţit. Erau relele lumii. Acum zburau pretutindeni, împânzind cerul, şi se-nvârteau în jurul capului Pandorei.

Îngrozită, ea trânti capacul la loc. Dar era prea târziu – relele scăpaseră din vas. Durerea, Ura, Înşelătoria, Pizma şi Boala se împrăştiară în lume.

Zeus şi Hermes despărţiră norii şi priviră în jos:

– Niciun Gigant sau om n-o să scape de darurile Pandorei, râse Hermes.

– I-am pedepsit pe toţi! spuse mulţumit Zeus.

Apoi, din vas se auzi un glas stins:

– Rogu-te, lasă-mă să ies!

– Niciodată! strigă Pandora. N-am să mai deschid vasul ăsta niciodată!

– Dar eu sunt Speranţa! spuse glasul. Lasă-mă să ies şi atunci niciun rău nu va fi atotputernic!

Pandora ridică puţin capacul şi trase cu ochiul înăuntru. Văzu o făptură mititică, cu aripi de aur şi chip drăgălaş.

– Lasă-mă să ies şi am să ajut lumea!

Tânăra dădu la o parte capacul, iar Speranţa îşi luă zborul. Aripile ei atinseră uşor ochii Pandorei, şi ea se simţi din nou fericită.

Speranţa a fost darul cel mai de preţ al Pandorei. Chiar dacă noi, oamenii, întâmpinăm tot felul de greutăţi, ea ne ajută să le înfruntăm curajoşi. În vremuri de restrişte, avem speranţa, pe care nu ne-o pierdem niciodată şi care ne face să credem că lucrurile se vor îndrepta în cele din urmă.

*Vasele de ceramică ocupau un loc important în Grecia Antică. Acestea erau folosite în case şi temple, pieţe şi palate, în ele fiind depozitate vin, ulei, apă şi grâne.
Multe dintre vase erau pictate cu poveşti despre Zei.*

MĂSLINUL SAU MAREA CEA SĂRATĂ?

ATENA ȘI POSEIDON

Atena își dezmierdă bufnița cenușie.

— Găsește-mi un oraș, îi șopti ea, pe care să-l cârmuiesc.

Apoi despărți norii de pe vârful Muntelui Olimp, iar bufnița își desfăcu aripile și se năpusti asupra Pământului. Bufnița căută neîncetat cu ochii săi mari, până când ajunse la un oraș pe țărmul mării. Acolo se opri și țipă de trei ori.

Atena coborî, ca un fulger din cer, direct pe o stâncă semeață, care străjuia orașul. Lovi cu piciorul pietrele prăfuite și pe dată se ivi un măslin, acoperit cu frunze verzi și măsline negre.

— Acest oraș este al meu! strigă Atena.

Deodată se auzi un vâjâit și din cer căzu rostogolindu-se un trident de aur, cu trei vârfuri ascuțite! Ateriză chiar lângă măslin. Cele trei vârfuri loviră o piatră. Din stânca seacă țâșni un șuvoi de apă, care se preschimbă într-un izvor, ce porni vesel la vale.

Își făcu apariția Poseidon.

— Acest oraș este al meu! strigă el.

— Eu am ajuns aici prima! strigă Atena.

— Dar au nevoie de mine, îi răspunse arțăgos Poseidon. Locul ăsta este uscat ca o iască.

Zeus auzi cum se certau Atena și Poseidon. Glasul lui răsună în tot ținutul.

— Locuitorii acestui oraș își vor alege singuri Zeul.

Oamenii se adunară sub măslin.

— Alegeți-mă pe mine! spuse Atena. Eu sunt Zeița Înțelepciunii. Vă voi da măsline zemoase pe care să le mâncați, ulei de măsline gustos pentru gătit și ulei cu care să vă aprindeți lămpile.

— Alegeți-mă pe mine! spuse Poseidon. Eu sunt Zeul Mării. Vă voi da apă de băut, năvoadele voastre vor fi pline de pești, iar marea va fi liniștită, în așa fel încât corăbiile voastre să ajungă cu bine la țărm.

— Măslinul sau marea cea sărată? strigă Zeus. Alegeți!

Locuitorii orașului căzură la sfat. Femeile vroiau ulei de măsline pentru bucătăriile lor și ulei cu care să-și aprindă lămpile la căderea nopții. Bărbații vroiau să aibă spor la pescuit și drumuri sigure pe mare. Femeile își ridicară mâinile și votară pentru Atena și pentru măslinul ei. Bărbații amenințară cu pumnii și votară pentru Poseidon și marea lui sărată.

Se numărară voturile. Și, cum în oraș femeile erau mai numeroase (cu una) decât bărbații, acestea avură cele mai multe voturi. Femeile câștigară! Atena și măslinul ei deveniră stăpânii orașului. Femeile numiră orașul Atena, după Zeița Înțelepciunii.

Poseidon era furios. Își îndreptă tridentul către cer și pe dată se iviră nori întunecați. Începu să plouă. Pe mare se dezlănțui o furtună cumplită. Vântul biciuia valurile preschimbându-le în spumă. Bărcile se legănau încoace și-ncolo, iar pânzele lor erau luate de apă. Marea izbea țărmul, și apa năvăli peste câmpuri și case, inundând orașul.

— Cum ați cutezat să votați pentru Atena? răcni Poseidon. De-acum înainte, femeile nu vor mai avea voie să voteze. Femeile nu vor mai vota niciodată!

Locuitorii cetății se cățărară pe o stâncă. Se adăpostiră sub copacul Zeiței, așteptând să treacă furtuna. Când, în cele din urmă, soarele uscase toată apa, hotărâră să-i înalțe Atenei un templu. Sus, pe vârful stâncii, construiră coloane și trepte, portale și săli. Sub un acoperiș grandios, ridicară o statuie enormă a Zeiței. Era acoperită cu fildeș și aur, și înaltă cât șapte bărbați!

Oamenii se temeau însă de mânia lui Poseidon. Așa că, lângă templul Atenei, construiră un templu mic pentru acesta. Și, mai departe pe coastă, la Capul Sounion, îi construiră lui Poseidon un templu măreț. Se înălța pe marginea unei stânci, cu fața spre mare. Coloanele lui înalte și albe reflectau lumina soarelui. Marinarii puteau zări templul lui Poseidon strălucind de foarte departe și îl foloseau drept călăuză, un far care să-i ajute să ajungă cu bine la țărm.

Dar fiecare cetățean al orașului mergea iar și iar la templul Atenei. Duceau daruri prin care să-i mulțumească fiindcă îi ocrotea. Se rugau:

– Te salutăm, o, Zeiță, salvatoarea noastră. Ferește-ne de rele!

Și azi puteți vizita templul lui Poseidon, aflat pe promontoriul stâncos de la Capul Sounion. Sau puteți să urcați pe stânca cea semeață din Atena, și să vă plimbați prin templul înțeleptei Zeițe. Veți vedea într-o stâncă trei scobituri adânci făcute de tridentul lui Poseidon. Izvorul încă mai este acolo. Însă chiar lângă el se află un măslin, semn că orașul îi aparține tot Atenei.

Femeile nu aveau drept de vot în Grecia Antică și nici cea mai mare parte a bărbaților! Numai oamenii bogați sau aceia ai căror strămoși trăiseră în Atena mai bine de două sute de ani puteau vota. Blestemul lui Poseidon a fost în cele din urmă înlăturat mii de ani mai târziu, în 1949, când, în sfârșit, femeile au putut vota.

■ PIATRA VORBEȘTE ■

PERSEU ȘI MEDUZA

Piatra a vorbit, spuse Regele din Argos. A prevestit că propriul meu nepot mă va ucide! Trebuie să scap de băiat.

Îl împinse pe nepoțelul său, Perseu, și pe fiica sa, Danae, într-un cufăr de lemn. Apoi închise bine capacul și azvârli cufărul în mare.

Însă acesta nu se scufundă. Pluti pe apă, purtat de curent. Se legănă pe valuri, iar Perseu și mama lui adormiră în întunericul dinăuntru. Au plutit multă vreme pe mare, până când au fost aruncați pe țărmul insulei Serifos.

Un pescar, care tocmai își trăgea năvodul, găsi cufărul.

— Zeii mi-au adus noroc! strigă el, ridicând capacul cu speranța că va găsi bani de aur.

Dar înăuntru era o femeie care strângea în brațe un băiețel. Pescarul îi ajută să iasă din cufăr. Le dădu pâine și lapte, iar Danae îi spuse povestea lor.

— Suntem de neam regesc, suspină ea.

— Atunci trebuie să vă duc la rege, spuse pescarul.

Regele din Serifos îi primi bine pe Danae și pe Perseu. Li se dădură încăperi în palat. Perseu fu crescut ca un prinț. Învăță să călărească, să lupte cu sabia, să citească poezii și să recunoască stelele.

Când împlini șaisprezece ani, i se ceru să se înfățișeze înaintea regelui.

— O iubesc pe mama ta, îi spuse Regele din Serifos. Vreau să mă căsătoresc cu ea.

Perseu aruncă o privire spre Danae, dar ea scutură din cap în semn că nu.

— Mama nu dorește acest lucru, răspunse Perseu.

– V-am oferit ospitalitate, spuse regele. Asta vă cer acum în schimb.

– Cere altceva, îl imploră Perseu. Orice!

Regele se ridică de pe tronul lui.

– Adu-mi capul Meduzei – Gorgona care transformă oamenii în stane de piatră.

Danae suspină.

– Acesta este un lucru imposibil! Îmi voi pierde fiul.

– Nu mi-e teamă, spuse Perseu, înclinându-se în faţa regelui. Am să fac ce mi-ai cerut.

Regele zâmbi şi în sinea lui îşi zise:

– În felul ăsta am să scap de băiat.

Perseu îşi îndesă pâine şi brânză într-o desagă şi îşi prinse la brâu o sabie.

În vremea asta, mama lui îl privea cu îngrijorare.

– Trebuie să-ţi spun ceva, Perseu, zise ea. Tatăl tău este marele Zeus. El m-a vizitat, luând înfăţişarea unei ploi de aur, şi aşa te-ai născut tu. Zeii te vor proteja. Cere-le ajutorul!

În acea noapte, Perseu a mers la templu. A aşezat flori în faţa statuii Zeiţei Atena, i-a oferit fructe statuii lui Hermes şi un ban de aur lui Hades.

– Sunt fiu al lui Zeus! a strigat el. Ajutaţi-mă!

Deodată a apărut o lumină, iar Perseu s-a aruncat la pământ. Pe dalele de piatră se ivi un scut rotund de aur, iar glasul Atenei şopti:

– Scutul meu te va apăra. Foloseşte-l drept oglindă.

Apoi apăru o pereche de sandale cu aripioare de aur. Iar Hermes strigă:

– Sandalele mele te vor duce oriunde îţi doreşti!

Pe pământ se rostogoli un coif negru.

– Iată coiful meu, care te face invizibil! strigă Hades. Pune-l pe cap şi nimeni nu te va vedea.

La urmă se auzi răsunând glasul lui Zeus:

– Găsește-le pe Cele Trei Graie, ele îți vor arăta calea.

Perseu se ridică în picioare și adună obiectele magice.

La răsăritul soarelui, el își încălță sandalele înaripate. Aripile de aur zbârnâiră, iar tânărul se ridică în văzduh.

– Voi izbândi, mamă! strigă el, în vreme ce plutea peste o stâncă, deasupra mării albastre.

Perseu zbură peste insule și stânci, căutându-le pe Graie. Trecu peste munți și păduri. Apoi ajunse la intrarea într-o peșteră, unde auzi zvon de glasuri.

– Înteţeşte focul, soră dragă, spuse un glas arţăgos.

– Eu voi învârti în oala cu tocană, spuse al doilea glas.

– Dă-mi dintele să mestec mai degrabă, spuse al treilea glas.

Erau cele trei Graie!

Perseu îşi scoase sandalele şi îşi îndesă coiful pe cap. Un nor întunecat se înfăşură în jurul lui. Se simţea de parcă ar fi plutit în cerneală neagră. Intră, fără să fie văzut, în peşteră.

Trei cotoroanţe şedeau în jurul unui foc, amestecând într-o oală. Aveau părul cenuşiu şi încâlcit şi numai un ochi şi un dinte între ele. Împărţeau dintele şi ochiul, stând roată şi făcând cu rândul!

– Acum e rândul meu! spuse prima, înhăţând dintele.

– Carnea s-o văd eu, spuse a doua, întinzându-se după ochi.

– Căldura! Văleu! strigă a treia, scăpând din mână ochiul.

Perseu văzu ochiul rostogolindu-se pe jos. Se aplecă şi-l luă repede. Surorile şontâcăiau încoace şi-ncolo încercând să-şi găsească ochiul.

Perseu strigă:

– Ochiul e la mine!

– De ce? De ce? De ce? strigară surorile.

– Ca să-mi spuneţi unde trăieşte Meduza! strigă Perseu.

Graiele se ghemuiră, lipite una de alta.

– La poarta nopţii de vei ajunge călător, spuse prima.

– Păru-i din şerpi e înfricoşător, spuse a doua.

– Aşteaptă soarele strălucitor, spuse a treia.

– Atunci toţi şerpii dorm în voia lor, spuse prima.

– Vă mulţumesc, Mămăiţelor, spuse Perseu, punând ochiul în mâna primei surori.

– Mergi cu bine, cu bine, cu bine! spuseră cu glas tremurător cele trei surori.

Şi, scoţându-şi coiful şi punându-şi sandalele, Perseu îşi luă zborul.

— Spre apus! strigă Perseu, întorcându-se către soarele care se pregătea să asfinţească. Spre apus e drumul către noapte.

Zbură până ce zări două porţi întunecate. Erau porţile nopţii. Perseu îşi vârî sandalele în sac şi trecu pragul. Zări un lup, a cărui siluetă se desluşea vag în întuneric. Lupul stătea însă nemişcat. Perseu îl atinse cu mâna şi simţi că era tare şi rece. Era făcut din piatră. Apoi trecu pe lângă un leu care se năpustea asupra prăzii şi pe lângă un om care alerga. Tânărul se cutremură. Acestea nu erau statui sculptate de mâna unui artist. Cândva fuseseră fiinţe pline de viaţă, iar Meduza le preschimbase în pietre.

Deodată Perseu auzi sâsâitul unor şerpi. Iute se făcu nevăzut după o stâncă. Gorgona Meduza se furişă pe lângă el. Capul ei era acoperit cu şerpi încolăciţi. Avea gheare ascuţite, aripi solzoase, ochi roşii, dinţi fioroşi şi o limbă neagră care-i atârna din gură! Perseu îşi ţinu ochii strânşi, de teamă să nu fie preschimbat în piatră.

— Am să aştept până ce-o să ardă soarele pe cer, îşi zise el. Atunci şerpii vor dormi duşi. Dar cum pot să-i tai Meduzei capul fără să mă uit la ea?

Chiar atunci îşi aminti de scutul Atenei!

La amiază, soarele ardea cu putere, iar şerpii dormeau. Perseu îşi puse coiful pe cap şi îşi ridică scutul. Bronzul strălucitor reflecta totul aidoma unei oglinzi.

Tânărul rămase cu privirea aţintită asupra scutului şi astfel înaintă spre locul unde se afla Gorgona.

Meduza zăcea întinsă sub soarele arzător. Şerpii stăteau nemişcaţi, iar ea avea ochii închişi. În vreme ce Perseu se furişa tot mai aproape, călcă pe o crenguţă care trosni sub greutatea lui!

Meduza se ridică îndată. Se uită de jur-împrejur cu luare-aminte, dar nu văzu pe nimeni.

— Unde eşti? şuieră ea.

Perseu îşi scoase sabia.

– Aici! strigă el.

Meduza văzu strălucirea sabiei şi se răsuci, pregătindu-şi ghearele.

– Nu eu sunt de vină că arăt astfel, spuse ea furioasă. Cândva am fost frumoasă, aveam un păr minunat. Dar am stârnit gelozia Atenei şi ea mi-a preschimbat şuviţele în şerpi, făcând din mine un monstru.

Perseu se uita neîncetat la scut.

– Nu te mai uita la mine! îi strigă el.

Urmărind lumina reflectată de scut, o izbi pe Gorgonă cu sabia şi-i reteză capul.

Deodată, din trupul ei ţâşni un cal strălucitor de alb, cu aripi de argint! Era Pegas, calul înaripat. Acesta îşi deschise larg aripile şi îşi luă zborul, pierind în înălţimi.

– Ce făptură minunată! spuse uimit Perseu. După cum se vede, numai înfăţişarea Meduzei era respingătoare.

Apoi, privind în scut, Perseu culese capul Gorgonei şi-l vârî în sac. Dar ceea ce avea de îndeplinit nu se sfârşise încă.

Punându-şi iute sandalele vrăjite, Perseu se-avântă spre cer. Zbură către marea albastră. În depărtare, zări o fată înlănţuită de o stâncă. Marea începu să spumege şi din ea se ivi un monstru care îşi scutură ameninţător coada şi îşi deschise fălcile ca s-o înghită pe fată.

Perseu se năpusti din înaltul cerului, îşi scoase sabia şi străpunse cu ea inima monstrului! Apoi sfărâmă lanţurile şi o duse pe copilă cu bine acasă.

– Eu sunt Andromeda, Prinţesa Etiopiei, spuse ea. Rămâi cu noi, ca să-ţi putem mulţumi.

Perseu se înclină în faţa ei.

– Mă voi întoarce, spuse el.

Tânărul zbură spre Serifos. Când ajunse acolo, văzu că palatul era împodobit pentru nuntă. Însă pe mama lui o găsi înlăcrimată. O sileau să se mărite cu regele.

– Opriți-vă! strigă Perseu, strângând în mâini sacul. Ți-am adus ce mi-ai cerut. Am capul Gorgonei.

Regele din Serifos râse.

– Flăcăul ăsta s-a întors cu un sac plin cu minciuni!

Perseu se apropie de mama lui și-i șopti :

– Închide ochii!

Scoase apoi din sac capul Meduzei.

– Dacă nu mă credeți – priviți cu toții! strigă el.

Ridică în sus înfricoșătorul cap și-l scutură. Regele, oaspeții și slujitorii rămaseră cu privirile pironite la șerpii încolăciți și la ochii roșii. Pe dată se preschimbară în pietre. De atunci, Insula Serifos a fost mereu acoperită cu stânci.

În acea noapte, Perseu merse la templu ca să înapoieze obiectele magice. Darurile au dispărut cât ai clipi din ochi, întorcându-se la Zeii care le dăduseră. În locul lor însă apăru Atena, ținând scutul în mână.

– Vreau eu capul, spuse ea. Îl aștept de multă vreme.

Își prinse pe scut capul Meduzei.

– Acum puterea ei va fi a mea pentru totdeauna.

Perseu se înclină în fața Atenei. Își dusese la bun sfârșit acea sarcină imposibilă. Dar nu mai era sigur pentru cine o îndeplinise de fapt.

Perseu și Danae călătoriră pe mare înapoi în Argos. Bunicul lui Perseu era acum foarte bătrân. El îi primi cu brațele deschise și îi rugă să-l ierte. Cu toții uitară de ceea ce prezisese oracolul.

Până când, într-o zi, Perseu se gândi să-și petreacă timpul aruncând discul greu de piatră. Aruncă discul cu putere, iar acesta îl lovi în cap pe bunicul său, omorându-l. Piatra vorbise și ceea ce prezisese ea se adeverise.

Inima lui Perseu era plină de amărăciune.

– Nimeni nu poate scăpa de soarta hărăzită de Zei, spuse el. Nici Meduza, nici Regele din Argos şi nici eu. De-ar apărea şi-o rază de speranţă din toată această suferinţă!

Perseu se întoarse în Etiopia, ca s-o caute pe Andromeda. Iubirea pământeană era ceva ce Zeii nu puteau cunoaşte. Împreună ei construiră o nouă cetate, Micene. Era făcută din aur şi în ea domnea dragostea. Un palat măreţ pentru regii ce aveau să vină.

Zidurile de la Micene erau atât de masive, încât se spune că Titanii îl ajutaseră pe Perseu să le construiască. La Micene s-au găsit coroane, pumnale, cupe, măşti şi inele de aur. Unul dintre regii cei mai renumiţi care au trăit acolo a fost Agamemnon. Şi astăzi, puteţi păşi prin Poarta Leilor, aşa cum trecea acesta odinioară.

O DORINȚĂ ÎNGROZITOARE

PAN ȘI MIDAS

Regele Midas stăpânea un regat de o rară frumusețe. Palatul său era înconjurat de păduri verzi, izvoare limpezi și munți sălbatici. Cum se dusese vestea despre acest loc minunat, Satirii veneau aici pentru jocurile lor. Satirii erau făpturi sfioase – jumătate oameni, jumătate țapi. Aveau chipuri omenești, urechi ascuțite, nasuri cârne, picioare de capră acoperite cu blană, copite și cozi de cal.

Ei se jucau de-a v-ați-ascunselea printre stejari și pini, și se scăldau în apele răcoroase. Mâncau pe săturate cireșe dulci, caise coapte și nuci proaspete. Apoi adormeau la umbra plăcută a sălciilor.

Midas era tare mândru că Satirilor le era pe plac regatul său.

– Satirii sunt prietenii mei, spuse el într-o zi. Sunt liberi să se plimbe în voie prin regat.

Odată, Midas se plimba prin pădure când auzi un urlet îngrozitor. Nu departe, văzu un Satir legat de un copac. Copitele sărmanei făpturi fuseseră strânse laolaltă cu o frânghie, iar de urechi îi atârna o cunună de margarete.

– Cine l-a batjocorit astfel? strigă mânios Midas. Rușine să vă fie!

Midas dezlegă Satirul. Făptura își scutură urechile și coada, apoi plecă împleticindu-se.

Deodată copacii fremătară, se stârni o pală de vânt și înaintea regelui apăru un alt Satir. Era uriaș, avea coarne, o barbă ascuțită, ochi strălucitori și un zâmbet larg. Era Pan, Zeul Naturii, căpetenia Satirilor.

– Îți mulțumesc pentru bunătatea de care ai dat dovadă, Rege Midas, spuse Pan. Supușii mei îți sunt recunoscători că-i ocrotești. Vreau să te răsplătesc. Îți voi împlini o dorință.

Midas rămase cu gura căscată.

Dar Pan îi făcu semn din cap, încurajându-l.

– Poți să primești orice îți dorești.

Midas închise ochii și își zise:

– O dorință... una singură... folosește-te de ea și gata, s-a și dus... Trebuie să aleg ceva ce pot să primesc iar și iar.

Ochii lui Midas își ieșiseră din orbite. Îi venise în minte o dorință, o dorință foarte mare.

– Îmi doresc, spuse el, ca tot ceea ce ating să se preschimbe în aur!

Pan râcâi nerăbdător pământul cu copitele.

– Crezi că e o dorință înțeleaptă? întrebă el.

– Nu crezi că e înțelept să ai atât de mult aur, încât să poți să dai și la alții? spuse Midas.

– Bine, dacă ești sigur că asta vrei, spuse Pan.

Întinse un deget pământiu spre Midas și îi atinse cu blândețe fruntea.

– Fie ca tot ce atingi să se preschimbe în aur!

Apoi Pan se făcu nevăzut printre copaci.

Midas se întoarse din drum cu gândul să se-ndrepte spre palat, însă iarba de sub picioarele sale scrâșni. Privi în jos și văzu cu uimire că iarba era din aur strălucitor!

Urmele pașilor regelui erau acum din aur. Trecând pe lângă un copac, îl atinse și frunzele scoaseră un clinchet. Crengile, ramurile și trunchiul se preschimbaseră în aur curat.

Midas strigă fericit:

– Aur! Aur! Aur!

Păși pe poarta palatului, iar aceasta se făcu din aur. Atinse pereții, podelele, mesele, scaunele, paturile, ferestrele, covoarele, până când întreg palatul începu să strălucească.

Apoi lui Midas i se făcu sete. Întinse mâna după un vas cu apă, cu gândul să-și umple o cupă, dar apa se preschimbă într-o bucată de aur pe fundul vasului. Lui Midas i se făcu foame. Luă o coajă de pâine albă, proaspătă, dar, în mâinile sale, aceasta se preschimbă în aur.

Se întinse după un vas cu fructe, însă și acestea avură aceeași soartă.

Midas rămase cu totul descumpănit. Se uită la tot aurul din jurul lui și înțelese că nu va putea nici să mănânce, nici să bea. Orice atingea se preschimba în aur. Nu putea să se mai îmbăieze, sau să-și mângâie câinii, ori să dea mâna cu un prieten. Era bogat, dar trebuia să flămânzească. Avea să fie înconjurat numai de aur, dar era sortit să moară de foame.

Apoi auzi un glas:

– Tată! Tată!

Era fiica lui.

– Tată! strigă prințesa. S-a întâmplat ceva uimitor. Dormitorul meu este acum din aur!

Prințesa vru să-i sară în brațe, dar Midas se trase înapoi.

– Arată atât de frumos, tată!

– Nu mă atinge! strigă Midas.

Dar era prea târziu. Prințesa se aruncase în brațele regelui. Pe dată părul ei negru, pielea caldă și măslinie, ochii scânteietori și inima plină de viață se preschimbară în aur. Însăși fiica lui devenise o statuie de aur. Midas scoase un strigăt de disperare și ieși alergând din palat, apoi se afundă în pădure.

– Pan! strigă Midas. Mărite Pan, rogu-te, ajută-mă! Am fost lacom. Să preschimb tot ceea ce ating în aur a fost o dorință îngrozitoare! Lipsită de orice urmă de înțelepciune. Te implor, ajută-mă să dau dorința înapoi!

Se auzi un freamăt și se ivi Pan.

– Urcă pe munte și găsește râul Pactolus. Apa lui va îndepărta dorința pe care ți-ai pus-o.

Midas se cățără pe munte, preschimbând în aur stâncile și ierburile. Ajunse la un râu verde și se aruncă în el. Apa nu se preschimbă în aur. Midas se scăldă. Își cufundă capul în unda răcoroasă și își spălă lăcomia. Când simți că era curat, ieși pe malul râului și iarba rămase verde.

Plecă apoi spre casă. Totul în jur i se părea minunat. Florile, și chiar și stâncile, păreau să strălucească în felurite culori. Și cine credeți că îl aștepta? Chiar fiica lui iubitoare. Inima ei vie, care acum bătea iar, valora cât tot aurul din lume.

 Vechii greci credeau că Midas a lăsat bucăți de aur în râul Pactolus. Iar în anul 630 î.Hr., primele monede de aur din lume au fost făcute din aurul găsit în malul acestui râu!

CALUL ZBURĂTOR

PEGAS

Pegas bătu din aripile sale de argint şi se-avântă în văzduh. Calul alb şi strălucitor zbură deasupra mării, cu coada fluturând în vânt. Trecu peste insule care abia se mai zăreau. Se îndreptă spre ţărm, apoi coborî pe culmile Muntelui Helikon.

Lovi o piatră cu copita lui de argint şi din stânca seacă ţâşni un izvor cu apă scânteietoare.

Pegas îşi potoli setea şi îşi spălă aripile. Apoi necheză. De-atunci, toţi cei care au băut din izvorul său – Fântâna Calului – au fost dăruiţi cu inspiraţie.

Pegas zbură peste sate şi cetăţi. Uneori, oamenii izbuteau să-l zărească preţ de o clipă în vreme ce trecea pe deasupra lor. Dar calul era atât de iute, încât nimeni nu putea să-l prindă.

Un tânăr, pe nume Belerofon, cerceta cu privirea cerul în fiecare noapte, sperând să vadă calul înaripat. Zărise odată o strălucire de argint şi era sigur că fusese Pegas, care trecuse în zbor pe acolo. În timp ce se cufunda în somn, Belerofon spuse în şoaptă:

– Zeiţă Atena, lasă-mă să încalec pe calul zburător!

Într-o noapte, Belerofon visă că Atena i-a auzit ruga. Aceasta se înfăţişă înaintea lui şi-i spuse:

– Tinere războinic, într-adevăr vei zbura. Foloseşte frâul meu şi calul se va supune!

Când Belerofon se trezi, lângă el se afla un frâu din aur strălucitor.

– Atena mi-a dat binecuvântarea! strigă el, luând iute frâul şi sărind în picioare. Tot ce trebuie să fac este să-l găsesc pe Pegas!

Belerofon își luă rămas-bun de la familie. Mama sa plânse, iar tatăl său clătină din cap îngrijorat.

— Este un gând nebunesc, îl dojeni el. Nimeni nu-l poate prinde pe Pegas.

Belerofon merse prin arșiță și praf până la Muntele Helikon și așteptă lângă izvorul magic. Calul zburător nu se arătă.

Zilele deveniră săptămâni, dar tânărul nu se dădu bătut.

Apoi, într-o seară, auzi un zgomot care se-apropia. Un vânt îl zgâlțâi și două aripi uriașe de argint se rotiră deasupra capului său. Belerofon se ascunse iute după un tufiș, iar calul zburător coborî pe pământ.

În vreme ce calul se aplecă să se adape, tânărul ieși din ascunzătoare. El aruncă frâul de aur peste gâtul lui Pegas și-l trase cu putere. Calul își scutură aripile și încercă să-și ia zborul. Belerofon se ținea însă strâns de frâu. Pegas se zbătu și dădu din copite, apoi se liniști.

Belerofon mângâie capul semeț al calului și spuse:

— Acum ești al meu.

Se urcă pe spinarea lui, apoi scutură frâul. Pegas își deschise aripile și amândoi se-avântară în văzduh.

— Oho! strigă tânărul, în vreme ce se ridicară peste vârful muntelui și se-ndreptară cu repeziciune spre mare.

Ca un fulger de argint ce străbătea cerul, călărețul și calul deveniseră o singură ființă.

Calul răspundea la cea mai ușoară atingere, galopând și întorcându-se la comanda călărețului. Belerofon și Pegas zburară către răsărit, trecând peste insule și peste mare. Jos, undeva departe, tânărul războinic zări un ținut pârjolit de foc. Câmpurile și casele erau făcute scrum. Pe o coastă a muntelui zăceau împrăștiate oseminte.

Belerofon îl apucă de frâu pe Pegas și-l conduse până jos, pe pământ. O mulțime de oameni alergară să-i întâmpine, minunându-se de calul înaripat și oferindu-le ospitalitatea.

— Vă mulţumesc pentru felul în care m-aţi primit, spuse Belerofon. Dar ce s-a întâmplat cu ţinutul vostru?

Mulţimea amuţise, doar un bătrân îi ieşi înainte.

— Suntem înspăimântaţi, spuse el. Pe munte trăieşte un monstru – Himera, care are trei capete şi care scuipă foc. Ne-a mâncat toate oile şi vacile, iar acum mănâncă oameni. Ne-am trimis soldaţii ca s-o omoare. Dar săbiile lor n-au putut s-o străpungă, iar săgeţile lor s-au lovit neputincioase de spinarea ei. Toţi soldaţii noştri au fost devoraţi.

— Am să zbor pe deasupra acestui monstru, spuse Belerofon, ca să văd cum îl pot răpune. Voi avea nevoie de arme – suliţe şi săgeţi, şi de nişte bulgări de plumb.

Până la căderea nopţii, o mulţime de saci cu arme au fost aşezaţi pe spinarea lui Pegas. Belerofon îi scutură frâul şi plecară în zbor prin văzduh, îndreptându-se spre muntele unde sălăşluia monstrul.

De departe văzură nişte limbi de foc. Întregul munte ardea. Pe vârful cel mai înalt stătea Himera, înconjurată de flăcări. Avea trup de leu şi coadă de balaur. De la gât porneau trei capete, care scuipau foc de jur-împrejur. Unul era de leu furios, altul de capră uriaşă cu două coarne foarte lungi, iar în mijloc, un şarpe cu colţi ascuţiţi, care se zvârcolea.

Belerofon îl conduse pe Pegas deasupra monstrului. Azvârli către acesta mai multe suliţe, dar niciuna nu putu să-l străpungă. Cele trei guri hidoase se deschiseră larg, scuipând foc şi umplând cerul de flăcări. Cal şi călăreţ erau împroşcaţi cu foc.

Belerofon îl făcu pe Pegas să se ridice şi mai sus.

— E o singură cale să omorâm fiara asta, spuse războinicul.

Îşi scoase din tolbă o săgeată şi-i prinse în vârf un bulgăre de plumb. Apoi zbură cu Pegas cât de aproape putu. Când cele trei guri se deschiseră, Belerofon ţinti spre şarpele care şuiera. Săgeata ţâşni şi ajunse chiar în gâtul acestuia. Gâtul cuprins de flăcări topi plumbul, care se scurse în burta monstrului, arzându-l pe dinăuntru!

Himera se prăbuşi la pământ, zvârcolindu-se. Apoi muri, arsă de propriile-i flăcări. Acestea au fost atât de puternice, încât nu s-au stins niciodată. Chiar şi în ziua de azi, ele încă mai ard!

Belerofon era acum un erou! Îi puseră pe cap o cunună din ramuri de măslin şi în cinstea lui se dădu un mare ospăţ. Fu răsplătit cu saci plini cu aur, vase cu ulei de măsline şi butoaie cu vin. Peste tot unde mergea, oamenii îl pofteau în casele lor. Numele lui era pe toate buzele.

Într-o noapte însă, Belerofon îl mângâie pe Pegas şi-i spuse:

– Oraşul ăsta e prea mic pentru noi. Există un singur loc pe măsura noastră.

Tânărul încălecă, prinse frâul şi-l conduse pe Pegas către nord, unde se afla Muntele Olimp.

– Vom merge să trăim alături de Zei! strigă el. Numai cerul este destul de mare pentru noi!

Îl îndemnă pe Pegas să urce pe Muntele Olimp, îndreptându-se spre vârful acoperit de zăpadă.

— Acum vom putea vedea în ceruri, strigă Belerofon, ca să aflăm dacă Zeii există cu adevărat!

Pe vârful Muntelui Olimp, Zeus auzi un fâlfâit de aripi. Dădu la o parte norii şi-l văzu pe Belerofon călare pe Pegas.

— Nu, mândrule flăcău, râse Zeus. Niciun om nu are voie să vadă locul în care sălăşluiesc Zeii. Pesemne c-ai uitat că mândria vine înaintea căderii.

Zeus făcu un semn cu mâna şi pe dată apăru un tăun. O muscă afurisită cu un ac ascuţit. Aceasta coborî bâzâind din ceruri până ce ajunse pe munte, unde se vârî sub coada lui Pegas şi-l înţepă! Calul sări în două picioare, aruncându-l din spate pe Belerofon.

Tânărul se prăbuşi din înalturi, dar Atena, care văzuse totul, aşeză iute un strat gros de muşchi pe locul în care avea să cadă. Astfel Belerofon scăpă cu zile. Dar îşi petrecu tot restul vieţii încercând să-l găsească pe Pegas, hoinări prin lume în căutarea calului său înaripat.

Pegas zbură neîncetat, ridicându-se tot mai sus şi mai sus. Trecu de piscurile înzăpezite, trecu şi de nori, şi dincolo de încăperile de aur ale cerurilor.

Fără să se oprească, zbură mai departe, dincolo de Lună, prin spaţiul nesfârşit. El se preschimbă într-o constelaţie. O seamă de stele argintii aşezate în formă de cal, care încă mai aleargă pe cerul nopţii.

Este posibil ca povestea lui Belerofon să fi inspirat legenda Sfântului Gheorghe, care a învins Balaurul. Însă pentru vechii greci, povestea vorbea despre „hybris", adică despre mândrie. Ea arată ce se întâmplă atunci când un erou se crede mai presus de Zei. Fântâna Calului este cunoscută ca Hippocrene şi încă se află pe Muntele Helikon. Puteţi vizita Muntele Chimera în sudul Turciei, ca să vedeţi ce a lăsat monstrul în urma lui. Muntele este înţesat cu găuri pe unde ies limbi de foc.

TREI MERE DE AUR

ATALANTA

O fetiță! spuse bucuroasă regina și mângâie obrajii catifelați ai pruncului.

Regina din Tegea își înfășură fiica într-o păturică, apoi o purtă pe coridoarele de marmură ale palatului.

O duse înaintea regelui zicând:

– Ai o mică prințesă!

– O fată, spuse regele, dar eu vroiam un băiat. Un fiu care să poată cârmui regatul.

Regina desfăcu păturica.

– Privește cât e de frumoasă. Are ochii verzi! Și uite, deja are bucle de aur. S-o numim Atalanta?

– N-am nevoie de o fată, spuse regele, apoi chemă un oștean și-i puse pruncul în brațe. Ia fata asta de-aici. Du-o pe Muntele Taygetos și las-o acolo!

Regina începu să plângă amar, dar regele rămase neînduplecat.

Oșteanul a așezat pruncul pe șa și a pornit călare spre Muntele Taygetos. Acesta era înalt, iar vârful său acoperit cu zăpadă. Bărbatul așeză copilul înfășurat în păturică pe stânca goală. Avea inima grea la gândul că trebuia să-l lase pradă fiarelor sălbatice.

Se făcuse întuneric și frig. Lupii urlau, iar Atalanta începu să plângă. Atunci apăru o ursoaică mare, cu blana maronie. Ea mirosi pruncul înfășurat în păturică și își deschise fălcile. Dar nu ca să-l mănânce. Prinse ușor cu dinții păturica și luă copilul în peștera în care-și avea bârlogul.

Acolo, le ieșiră înainte țopăind trei pui de urs. Erau flămânzi, așa că mama se așeză să-i alăpteze de îndată. În vreme ce puii sugeau de zor, mama ursoaică deschise binișor cu ghearele păturica, apoi rostogoli pruncul până ce-l lipi de burta ei blănoasă și-i dădu și lui să sugă!

Atalanta bău lapte de ursoaică și crescu foarte puternică. Ursoaica le dădea să mănânce puilor ei ierburi, miere și pește crud. Crescând împreună, puii de urs o învățară pe fată să se târască și să se lupte, să sară și să alerge. Ea învățase limba urșilor, să mormăie și să mârâie, și purta pe umeri, în loc de veșmânt, o blană veche de urs. Aceasta era acum familia ei.

Copila a trăit alături de urși vreme de paisprezece ani. Până când, într-o zi, o ceată de vânători au zărit o făptură ciudată care alerga printre stânci.

— E om sau urs? întrebă un vânător.

Cu toții priviră cum acea făptură sărea peste bolovani.

— Urșii nu aleargă atât de repede, spuse un altul, apoi luă o bucată de pâine din desaga lui și i-o aruncă.

Atalanta se repezi să ia pâinea și și-o îndesă în gură, apoi o scuipă. Nu mai mâncase niciodată pâine și nu-i plăcea la gust!

— Cum te cheamă, copilă? o întrebă vânătorul.

Atalanta rămase privind în gol. Nu înțelegea un cuvânt din limba oamenilor.

Vânătorii i-au adus fetei-urs mâncare și haine, și, încet-încet, au învățat-o să vorbească. Atalanta mânca acum hrană gătită. Putea să rostească o mulțime de cuvinte. Se îmbrăca cu haine așa cum purtau oamenii. Dar nu vroia cu niciun chip să-și pună încălțările aduse de vânători. Le simțea grele în picioare și o încetineau din mers.

Peste tot se răspândi vestea despre fata crescută de urși. Ajunse și până la urechile Regelui din Tegea, care se întrebă:

— Oare fata aceasta sălbatică ar putea fi Atalanta mea?

Trecuseră paisprezece ani de când îşi alungase fata în munţi. Regina murise, iar el se simţea singur. Regele din Tegea le porunci vânătorilor s-o aducă pe fata-urs la palat.

Înaintea regelui se înfăţişă o fată înaltă şi zveltă, cu ochi verzi şi o claie de bucle aurii. Era senină, încrezătoare şi puternică.

Ochii regelui se umplură de lacrimi.

— Semeni leit cu mama ta, şopti el. Chiar eşti fiica mea, o prinţesă. Numele tău este Atalanta.

Apoi îşi coborî capul ruşinat.

— Am fost necruţător cu tine şi te-am trimis în munţi ca să-ţi găseşti sfârşitul. Dacă mă poţi ierta, întoarce-te acasă şi urcă-te pe tron. De-acum este al tău.

Atalanta luă mâna tatălui său.

— Urşii m-au învăţat să iubesc familia mai presus de orice. Te iert, tată. Te voi cinsti, aşa cum îmi cinstesc mama din pădure.

Atalanta era acum Regina din Tegea. În loc să şadă pe tron, ea alerga prin tot palatul. Fugea prin grădini, sărea pe străzi, dar nu vroia cu niciun chip să se încalţe. Alerga desculţă, şi toată lumea o ovaţiona uimită atunci când trecea cu iuţeala vântului.

— Tată! strigă Atalanta, trăgându-şi sufletul, oamenilor din regat le place grozav să mă vadă alergând. Hai să organizăm o întrecere. Premiul aş putea fi chiar eu. Dacă există vreun bărbat care să alerge mai repede decât mine, am să mă mărit cu el!

Tatăl ei se încruntă.

— Tu eşti regina, nu poţi să te căsătoreşti cu oricine.

— Nici n-am să fac asta, râse Atalanta, pentru că nu există nimeni care să fie mai iute!

Aşa că întrecerea fu anunţată. Toţi tinerii din regat vroiau să se însoare cu Atalanta, aşa că se prezentară de îndată.

— Pe locuri... fiți gata... PORNIȚI! strigă regele.

Toți alergau repede, dar Atalanta îi întrecea. Era atât de iute, încât picioarele ei goale de-abia atingeau pământul. Nimeni nu putea ține pasul cu ea. Trecu repede ca vântul pe lângă ceilalți alergători și ajunse prima la linia de sosire.

Mulțimea o ovaționă.

— Ce bine m-am distrat! strigă Atalanta. Haideți să ne mai întrecem o dată și acum am să vă las să porniți înaintea mea.

— Pregătiți-vă... PORNIȚI! strigă regele.

Tinerii porniră primii, alergând cât îi țineau picioarele. Când ajunseseră la jumătatea drumului, porni și Atalanta. Făcu pași mari, sări și-i prinse din urmă, apoi le-o luă înainte. Alergând ca vântul, ajunse prima, cu mult înaintea lor.

Mulțimea parcă înnebunise de bucurie.

Întrecerea devenise acum o obișnuință și o grămadă de oameni se strângeau s-o vadă pe Atalanta cum aleargă și câștigă.

Printre ei era și tânărul Melanion. Întotdeauna stătea la linia de sosire, ca s-o vadă pe Atalanta cum se grăbește să treacă prima. Melanion își dorea din toată inima să participe și el la întrecere. Alerga în fiecare zi, încercând să fie mai iute. Se străduia din răsputeri, alergând din ce în ce mai departe și mai repede. Dar în sinea lui știa că nu o poate învinge pe Atalanta. Și nici nu vroia să piardă, pentru că se îndrăgostise de ea.

Melanion merse la templu. El așeză flori pe altar și se rugă:

— Afrodita, Zeiță a Dragostei, o iubesc pe Atalanta. Ajută-mă să câștig întrecerea!

Pe vârful Muntelui Olimp, Afrodita dădu la o parte norii și își îndreptă privirile spre Pământ.

— Eu știu când este vorba de dragoste adevărată, murmură ea, și tânărul acesta merită să fie ajutat.

Afrodita străbătu ca un fulger cerul și marea, îndreptându-se spre Oceanul de la Apus, care se afla la marginea lumii. Acolo era o insulă mică, pe care creștea un măr, plin de mere strălucitoare de aur. Afrodita se lăsă în zbor și atinse trei mere din pomul fermecat.

Pe dată, cele trei mere apărură pe altar, înaintea lui Melanion. În templu răsună glasul melodios al Afroditei care spuse:

– Ia aceste mere și folosește-le cu înțelepciune.

Melanion culese merele. Erau tari și grele, din aur curat.

La următoarea întrecere, tânărul se așeză la linia de pornire, cu cele trei mere ascunse în tunică.

– Porniţi! strigă regele.

Melanion alergă din răsputeri. Atalanta era iute şi-l ajunse repede din urmă. Tocmai se pregătea să-l depăşească pe tânăr, când acesta scoase din sân un măr şi i-l aruncă la picioare. Melanion nu avu timp să se uite dacă Atalanta se oprise. Alergă mai departe, cât de repede putu.

Atalanta însă văzu ceva strălucitor, care se rostogolea tăindu-i calea.

– Ce frumuseţe de măr! strigă ea, aplecându-se să culeagă mărul de aur.

Melanion i-o luase înainte. După câteva clipe, Atalanta îl prinse din urmă.

El scoase atunci al doilea măr şi-i dădu drumul pe jos.

– Alt fruct vrăjit! râse fata, oprindu-se să prindă mărul strălucitor.

Melanion alergă mai departe. Atalanta era gata să-l întreacă, aşa că el aruncă şi ultimul măr. Apoi alergă din toate puterile şi trecu primul linia de sosire!

Chiar în urma lui era Atalanta, care ducea în poală cele trei mere de aur.

– Am fost învinsă de trei mere de aur! râse ea. Tinere, ai câştigat întrecerea şi mâna mea.

Melanion se înclină în faţa ei, şoptind:

– Fii binecuvântată, Afrodita!

Dar mulţimea nu se bucura. Oamenii erau dezamăgiţi că Atalanta fusese învinsă şi că de acum n-aveau să mai fie alte întreceri.

Atunci Atalanta le spuse că vor construi un alt stadion la Olympia, iar întrecerile vor continua de-a pururi!

Atalanta şi Melanion dăruiră cele trei mere de aur copiilor lor, care le dădură mai departe copiilor lor, care şi ei le dădură copiilor lor, care... Cele trei mere de aur sunt ascunse undeva şi aşteaptă să fie descoperite.

Primele Jocuri Olimpice au fost ținute în Olympia în jurul anului 800 î.Hr.
Încă puteți vizita Olympia și vă puteți plimba printre ruinele școlii de lupte, sau puteți vedea locul în care se întreceau carele de război.
Puteți trece pe sub arcada de la intrarea pe stadion, și chiar puteți alerga pe pista cea veche. Dar, dacă vreți să fiți asemenea grecilor antici, trebuie să alergați desculți!
În Grecia Antică, scopul participării la Olimpiadă nu era numai acela de a câștiga, ci și de a atinge „arete", adică excelența.
Iar pentru vechii greci, excelența era ceva la care să năzuiești nu numai la Jocurile Olimpice, ci și în viața de zi cu zi.

CĂLĂTORIE ÎN LUMEA DE DINCOLO

ORFEU ȘI EURIDICE

Orfeu, vino să mănânci!

Orfeu auzi glasul mamei, care-l chema. Își puse jos instrumentul muzical, o liră, și o luă la fugă prin casă. Trecu pe lângă Mătușica Terpsihora care repeta un dans, și pe lângă Mătușica Euterpe care cânta din fluier. Băiatul ieși afară, pe verandă. Masa fusese așternută la umbra unui copac. Se așeză și își luă o bucată de pâine.

Orfeu trăia într-o casă care se afla pe înălțimile Muntelui Helikon, de unde se vedea marea.

El locuia împreună cu mama sa, cele opt surori ale acesteia și cu bunica. Mama și surorile ei erau cele nouă Muze. Ele inspirau artele de pe Pământ, făcându-i pe oameni să danseze, să joace teatru și să cânte. Mătușicile lui născoceau tot timpul câte ceva. Mereu în jur se găseau lucruri interesante – coșuri cu costume care trebuiau reparate, măști fioroase sau poeme împrăștiate ici și colo.

Dar cel mai mult o iubea Orfeu pe bunica lui. Numele ei era Memoria, iar ea știa sute de povești. Îi spunea lui Orfeu povești din copilăria ei petrecută printre Zeii Olimpieni, legende despre nimfe și monștri, și povești despre stele.

Bunica Memoria îi dădu lui Orfeu o farfurie cu pui fript și salată cu lămâie.

– Mâncarea ta preferată, spuse ea zâmbind.

În vreme ce se-nfrupta din puiul crocant, Orfeu spuse:

– M-am hotărât! Știu ce vreau să fiu când am să mă fac mare.

Mătușile lui amuțiseră.

– Vreau să fiu un *rhapsodos*. Un povestitor.

– Adică tot ce facem noi laolaltă! spuseră râzând mătușile.

Dar mama lui, Caliope, clătină din cap.

– Asta este arta cea mai grea, Orfeu. Ca să fii *rhapsodos* trebuie să cânți din liră, să scrii povești în versuri, să le înveți pe de rost și să le cânți.

Caliope se întoarse spre Memoria:

– E vina ta, mamă, că i-ai spus atâtea povești.

Memoria își șterse mâinile pe șorț.

– Seamănă cu tine, Caliope, nu ești tu muza poveștilor? spuse ea.

Apoi își îndreptă privirea spre Orfeu:

– Dacă vrei să ajungi un *rhapsodos*, te vom ajuta noi.

Orfeu se pregăti cu sârg. Repetă în fiecare zi. Învăță game și melodii, ritmuri și rime. Învăță cum să țeasă povești. Iar Memoria îi arătă cum să facă să și le amintească. Atunci când pregătirea lui Orfeu se încheiase, Muzele îl duseră pe coasta Muntelui Helikon, unde se afla o fântână scânteietoare.

– Bea din Fântâna Calului, îl îndemnă Memoria. Este fântâna inspirației, dăruită de Pegas.

Băiatul bău cu nesaț din apa rece și proaspătă.

– Fie ca vorbele tale să fie înaripate! spuse bunica lui.

Orfeu cântă pentru prima oară la o sărbătoare. Cei care erau acolo îl ascultară vrăjiți în timp ce cânta despre un băiat care s-a preschimbat în pasăre. La sfârșit, oamenii îl ovaționară. Orfeu o văzu pe mama lui și pe cele opt Muze cum îl aplaudau, mândre de cum cântase. Devenise un cântăreț de poeme în versuri – un *rhapsodos*.

Orfeu își cânta poveștile la curtea regelui, dar și la târg. El îi însoți pe Argonauți în lunga lor călătorie și le cântă marinarilor. Muzica lui făcea

corabia, numită Argo, să plutească lin pe mare. Cântecul său vrăji stâncile care se ciocneau și-l adormi pe balaurul fioros, pentru ca Iason să poată fura Lâna de Aur.

Apoi Orfeu o întâlni pe Euridice, o nimfă căreia îi plăcea să dănțuiască. Tânărul cântă pentru ea și muzica lui deveni și mai puternică. Leii și urșii sălbatici stăteau nemișcați lângă el ca să-l asculte. Pietrele i se rostogoleau la picioare. Păsările se opreau din cântat. Copacii își trăgeau în sus rădăcinile și se puneau pe dănțuit.

Orfeu fermecase întreaga natură cu muzica lui minunată. Luând-o pe Euridice de mână, îi spuse:

– Îmi inspiri cântecele. Tu ești muza mea!

Așa că Orfeu se căsători cu frumoasa nimfă. Copacii fură împodobiți cu ghirlande de flori, se ciocniră pahare de vin, iar Memoria și fiicele ei le binecuvântară dragostea.

Orfeu cutreiera prin lume spunând povești, iar Euridice îl însoțea pretutindeni. Câteodată îl acompania, dansând pe muzica lui.

Într-o după-amiază însă, se făcu arșiță. Euridice merse la un izvor ca să se răcorească. Râul Tempe șerpuia printr-o strungă plină de verdeață. Nimfa se bucura de umbră și de susurul apei. Nu-i era teamă de fiarele sălbatice, pentru că Orfeu fermeca întotdeauna natura. Dar acum el nu o însoțea.

Fără să ia aminte, Euridice călcă pe un smoc de iarbă din care ieși un șarpe. Acesta șuieră și o mușcă de gleznă! Sărmana de ea strigă după ajutor, dar veninul i se împrăștie în corp, făcând-o să se prăbușească la pământ.

O purtară în brațe de-a lungul străzilor. Doctorii încercară din răsputeri s-o salveze, dar era prea târziu. Euridice muri. Orfeu îi acoperi trupul cu flori, iar cele nouă Muze înălțară imnuri spre cer.

Orfeu nu se dezlipea de lângă mormântul ei.

— Nu pot să trăiesc fără ea, spuse el. Mă voi duce în Infern ca s-o aduc înapoi.

— Asta nu e cu putință! strigă îngrozită mama lui. Nimeni nu se poate întoarce de pe Tărâmul Morților.

Muzele îl implorară să nu plece. Dar Orfeu își luă lira și porni către Infern.

Ținu drumul printre niște stânci abrupte și intră într-o peșteră. Lăsă în urmă lumina zilei și se cufundă în întuneric. Cărarea cobora tot mai adânc spre Lumea de Dincolo. Coborî prin beznă până când ajunse la un râu cu unda verde și domoală. Era râul Styx.

Acolo dădu cu ochii de un bătrân îmbrăcat în zdrențe, care-i întinse o mână veștejită.

— Eu sunt luntrașul, spuse el. Dacă vrei să treci dincolo, trebuie să plătești.

Orfeu uitase să-și ia bani cu el, așa că începu să cânte.

Luntrașul ascultă uluit și îl luă pe Orfeu în barca sa. Auzindu-i cântecul, însăși barca începu să tremure. Apoi frânghiile se dezlegară singure și barca alunecă pe apă.

Se opriră în fața unor porți înalte și întunecate, iar Orfeu păși pe mal. Un câine înspăimântător, care avea trei capete, se repezi la el, arătându-și colții și încercând să-l apuce. Era Cerber, paznicul Infernului.

Orfeu uitase să ia cu el niște turte ca să domolească fiara. Își atinse lira, iar Cerber se așeză blând ca un mielușel. Cele trei capete se legănau, iar cei șase ochi se închiseră. Porțile Infernului se deschiseră larg.

Orfeu păși într-o încăpere săpată în stâncă. Hades, Stăpânul Morților, ședea pe un tron făcut din piatră.

Lângă el era Persefona, Regina Infernului. Ea se ridică în picioare.

— Bine-ai venit, viteazule! Ești singurul care a cutezat să vină de bunăvoie pe tărâmul nostru.

Apoi ceru să se aducă pâine și vin.

– Ospătează-te! spuse ea.

Orfeu își aminti de povestea Persefonei. Știa că, dacă vroia să mai plece de acolo vreodată, nu trebuia să se înfrupte din mâncarea morților.

– Nu mi-e foame, spuse el. Am venit s-o iau înapoi pe Euridice.

Hades clătină din cap.

– Morții trebuie să fie cu morții, spuse el. Soața ta trebuie să rămână aici. Dar văd că ți-ai adus lira. Cântă-ne ceva, *rhapsodos*!

Așa că Orfeu cântă despre un mit al Creației.

Hades se aplecă spre el, ascultându-l, și pe buze îi flutură un zâmbet. Luând-o de mână pe Persefona, spuse:

– Mi-ai ajuns la inimă, *rhapsodos*. Știu ce înseamnă s-o pierzi pe cea pe care o iubești. În fiecare primăvară, Persefona se întoarce pe Pământ, iar eu rămân singur.

Hades se ridică în picioare.

– Ești un adevărat *rhapsodos* și ai nevoie de muza ta. Cântă-ți cântecele în timp ce părăsești Infernul, iar Euridice te va urma. Dar nu ai voie să privești în urmă ca să vezi dacă ea se află acolo. Trebuie să ai credința că e chiar în spatele tău. Nu te uita înapoi până nu pășești în lumină, altfel o s-o pierzi pentru totdeauna.

Orfeu era nebun de fericire. Pe când se îndepărta, începu să cânte. Își închipuia că Euridice se afla chiar în urma lui. Îl adormi pe Cerber, apoi îi cântă luntrașului ca să-l treacă pe malul celălalt al Styxului. În vreme ce urca spre lumină, se gândea că Euridice îi ascultă cântecul. Drumul era abrupt și atât de lung. Se gândi că poate iubita lui obosise, așa că merse mai domol. Cânta încet, încercând să-i audă pașii. Era însă o liniște de mormânt. Se temu că ea a rămas în urmă.

Apoi, undeva departe, zări un strop de lumină. Fără să mai stea pe gânduri, Orfeu se întoarse și spuse:

– Aproape am ajuns, iubita mea!

Chiar în spatele lui era Euridice! Avea chipul străveziu şi şchiopăta din pricina piciorului rănit. Întinse braţele după Orfeu. El încercă s-o cuprindă, dar ea îi alunecă printre degete şi se preschimbă în ceaţă.

Din Euridice rămăsese acum doar o umbră, care se făcu nevăzută. Era pierdută pentru totdeauna.

Orfeu ieşi singur din Infern. Nu se mai întoarse niciodată pe Muntele Helikon. În schimb, începu să hoinărească prin lume, ca să-şi spună povestea.

Simţea că a dat greş. Dar cântecele lui erau mai frumoase ca niciodată. Şi toţi cei care le ascultau ştiau că dăduse dovadă de vitejie. Nu numai că mersese în Lumea de Dincolo, dar izbutise să se şi întoarcă!

Orfeu a devenit un personaj de seamă în Grecia Antică.
Oamenii puneau în scenă povestea lui şi îi cântau cântecele.
Credeau că, de vreme ce coborâse în Infern şi se întorsese de acolo,
cunoştea tainele vieţii şi ale morţii.

O TAINĂ ÎMPĂRTĂŞITĂ

APOLLO ŞI MIDAS

Apollo cânta din liră mai frumos ca oricine. Îl întrecea chiar şi pe Orfeu! Când atingea corzile, acestea păreau să picure în auz aur curat. Muzica lui Apollo îi vrăjea pe Zei şi aceştia socoteau că nu exista un muzician mai bun decât dânsul.

Apoi Atena a găsit un os din aripa unui vultur. Acesta era lung şi curbat. Ea a făcut cu cuţitul nişte găuri mici de-a lungul osului şi o deschidere la unul dintre capete. Şi-a pus la buze osul şi a suflat. S-a auzit un sunet dulce, ca o adiere. Atena născocise fluierul! Ea le cânta Zeilor.

Hera şi Afrodita chicoteau.

— Ţi s-au umflat obrajii! râse Hera.

— Ţi s-a strâmbat gura! spuse şi Afrodita.

— Pari urâtă atunci când cânţi din năzdrăvănia aia! râse răutăcios Apollo.

Zeii izbucniră în hohote de râs.

Atena se înfurie şi azvârli fluierul din vârful Muntelui Olimp.

Fluierul se răsuci în aer şi căzu în regatul lui Midas. Îl găsi un tânăr Satir, pe nume Marsyas. Suflă în fluier şi din el ieşi un sunet dulce, ca un şuierat! Tânărul continuă să sufle, fără să-i pese că se schimonosea la faţă — doar era urât de felul lui!

Satirul exersa în fiecare zi. Cânta dansuri vesele, dar şi melodii molcome. Regele Midas îl pofti pe Marsyas să cânte la palat, iar oaspeţii ascultară cu totul vrăjiţi. Muzica îi învăluia ca o adiere de vânt. Erau siguri că Marsyas era cel mai bun muzician cu putinţă.

Când toate aceste lucruri ajunseră la urechile lui Apollo, Zeul se înfurie.

Zbură iute pe Pământ ca să-l găsească pe Marsyas.

— Te provoc să ne întrecem cine cântă mai bine! strigă Apollo.

Înspăimântat, Marsyas își scutură capul blănos.

— Dar, mărite Apollo, tu ești cel mai mare muzician care există!

— Asta și vreau să dovedesc, spuse Apollo. Avem nevoie de cineva care să hotărască cine cântă mai frumos.

— Regele Midas e cinstit și drept, spuse Marsyas, ciulindu-și urechile.

Astfel că Midas anunță că va avea loc o întrecere muzicală. Spectatorii se adunară în pădure. Oamenii se sprijineau de copaci și de pietre, așteptând să înceapă concertul.

Când își făcu apariția Apollo, mulțimea amuți. Lira lui începu să cânte, scânteind. Sunetele semănau cu un murmur care străbătea poiana și se-mprăștia asemeni razelor de soare. Cei ce ascultau simțeau o căldură binefăcătoare, de parcă o lumină aurie le-ar fi umplut sufletele.

Mulțimea se ridică în picioare, ovaționând.

Apoi cântă din fluier Marsyas și un sunet grav, ca o adiere de vânt, răsună în pădure. Sunetul părea să-i facă să plutească pe cei care ascultau. Notele deveniră mai ascuțite și toți se simțeau de parcă ar fi zburat! Apoi, cu note ce păreau că se rostogolesc, Marsyas îi aduse din nou pe pământ.

Mulțimea amuțise. Nu aplaudau, nici nu ovaționau. Nici măcar nu zâmbeau. Marsyas era convins că nimănui nu-i plăcuse muzica sa.

Midas se adresă mulțimii:

— Cred că toți sunteți de acord cine a câștigat!

Apollo schiță un rânjet, iar Marsyas puse capul în piept.

— Muzica lui ne-a mișcat în așa măsură, că n-am putut să aplaudăm sau să zâmbim. Marsyas este cel mai bun muzician!

Acum mulțimea îl ovaționă! Bătură din picioare, strigară și urlară, până ce Marsyas cântă din nou. După povestea asta, el deveni cunoscut pretutindeni. Cântă din fluier de-a lungul și de-a latul Greciei, inspirându-i pe oameni să-și facă propriile lor fluiere din oase, lemn sau trestie.

Apollo însă îl luă deoparte pe Midas.

— Dacă tu crezi că făptura asta urâtă este un muzician mai bun decât mine, spuse el, înseamnă că ai probleme cu urechile. Am să-ți arăt eu ce fel de urechi ai!

Apollo își trecu mâna pe deasupra capului lui Midas și deodată acestuia îi crescură două urechi maronii și păroase.

— Ai urechi de măgar! îi strigă Apollo, făcându-se nevăzut.

Midas dădu fuga la palat și se privi în oglindă. Urechile lui erau lungi și păroase, și se bălăbăneau încolo și încoace, ca ale unui măgar! Repede își înfășură o bucată de pânză în jurul capului. Își acoperi urechile de măgar, iar coroana și-o puse deasupra.

— Am să-mi las părul să crească, bâigui regele. Atunci nimeni n-o să-mi afle taina.

Părul lui Midas crescu și crescu. Crescu atât de lung, încât fu nevoit să-l tundă. Regele își chemă frizerul.

Acesta îi scoase pânza de pe cap și luă în mână foarfeca. Era gata să scurteze buclele regale, când văzu ceva maroniu și păros care se mișca sub părul regelui.

— Ce-or fi astea? se întrebă frizerul. Seamănă cu...

Și înainte să-și dea seama, strigă în gura mare:

— Niște urechi de măgar!

— Ssst! îi șopti regele. Ăsta e cumplitul meu secret. Nu-l știe nimeni. Nici măcar fiica mea nu știe că am urechi de măgar. Păstrează taina și am să-ți dau un sac cu aur.

Frizerul se-nvoi. Îi tăie regelui părul, luă aurul și părăsi palatul cât de repede putu!

Pe drumul spre casă, omul se tot gândea la urechile de măgar. Tot pufnea, chicotea și râdea. Apoi izbucni în hohote de râs.

— Ce tot râzi acolo? îl întrebă nevasta.

— Nu pot să-ți spun, hohoti frizerul. E o taină pe care am fost plătit s-o păstrez.

Îi dădu nevesti-sii sacul plin cu aur, apoi izbucni în hohote de râs și râse până îi dădură lacrimile.

Secretul îl ardea pe dinăuntru pe frizer. Îl făcea să râdă atât de mult încât nu mai putu nici să mănânce, nici să doarmă. Râsul ăsta era prea mult şi devenise dureros.

— Pentru binele tău, trebuie să te opreşti din râs, îi spuse nevasta. Nu-i potrivit o taină s-o ţină un singur om. Trei oameni ar fi prea mulţi. Dar doi sunt numai buni s-o împărtăşească. Trebuie să-l spui cuiva şi ai să te simţi mai bine. Spune-i pământului taina ta şi-atunci n-o va auzi niciun suflet de om.

Frizerul alergă chicotind în pădure. Săpă o groapă în pământ, îşi lipi buzele de ea şi şopti:

— Regele are urechi de măgar... Regele are urechi de măgar!

Apoi acoperi groapa cu pământ. Se simţea mai bine. Se oprise din râs. Împărtăşise taina şi simţea o mare mângâiere. Se duse acasă şi uită de toată povestea.

În vara aceea, Regele Midas hotărî să dea un mare ospăţ, cu cântece, muzică şi dans. Întreg regatul se pregătea pentru petrecere.

Un muzician avea nevoie de un fluier nou. Merse în căutarea unei trestii. Găsi un mănunchi de trestii, care creşteau înalte şi drepte dintr-o movilă de pământ.

— Exact ce-mi trebuie! spuse el. Tăie o trestie, făcu în ea nişte găuri, ciopli şi lustrui fluierul, până când acesta începu să strălucească.

În sfârşit, sosise ziua cea mare. Covoare şi ţesături fuseseră întinse pe sub copaci, căci banchetul avea să se ţină pe iarbă. Satirii şi oamenii, regele şi fiica lui stăteau la soare, mâncând şi ascultând muzică.

Muzicianul îşi duse fluierul la gură şi suflă în el. Din instrument ieşi un sunet ciudat, un glas ca un ecou, asemeni vântului şoptind prin trestii:

— Regele are urechi de măgar...

Toată lumea amuți și ascultă fluierul.

– Regele... are... urechi de măgar... regele are...

Midas era îngrozit. Își duse mâna la frunte și îi căzu coroana. Pânza i se desfăcu, lăsând la iveală urechile păroase de măgar!

Mulțimea arăta spre el uimită și striga:

– REGELE ARE URECHI DE MĂGAR!

Midas se simțea rușinat. Secretul lui ieșise la iveală. Sări în picioare și fugi în pădure. Se trăgea de urechi și suspina:

– Aș vrea să dispară urechile astea!

Deodată se iscă o rafală de vânt și își făcu apariția Pan.

– Prietene, nu pot schimba ceva ce ți-a fost dat de un alt Zeu. Așa că fii mândru! Întotdeauna ai îndrăgit poporul meu – iar acum ești unul dintre noi!

Midas se întoarse și vorbi mulțimii.

– Măgarii sunt răbdători și buni, spuse el. Muncesc mult și cară greutăți mari. Nu credeți că acestea sunt calități de prețuit la un rege?

Mulțimea șovăi. Era rândul ei să se simtă rușinată. Regele avea dreptate.

– Trăiască Regele Midas! strigară cu toții.

De atunci, Midas nu și-a mai ascuns urechile de măgar. Le-a lăsat să se bălăngăne în voie, la vedere. Nimeni n-a știut cum taina a ieșit la iveală. Dar trestia a continuat să șoptească despre ea mereu.

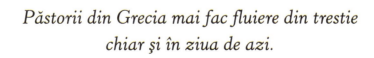

Păstorii din Grecia mai fac fluiere din trestie chiar și în ziua de azi.

LEGENDA PĂIANJENULUI
ARAHNE

Fir lunguț și roșior,
Răsucit într-un fuior,
Trage mai iute de roată
Povestea să-nceapă-ndată!
(Așa încep, conform tradiției, basmele grecești.)

O lumină aurie străluci deasupra leagănului și se iviră trei Zeițe.

Erau Cele Trei Moire, care deapănă ața vieții și ne țes destinul.

Prima ținea un ghem de ață roșie. Îl desfăcu și spuse:

– Copila va fi o mare artistă.

A doua măsură o bucată mică de sfoară.

– Nu va trăi mult, spuse ea.

A treia clătină din cap.

– Ești cam aspră, soră dragă. Am să-mi schimb binecuvântarea.

Ea luă foarfeca surorii ei și, în vreme ce reteza ața, spuse:

– Arta ei va fi veșnică.

Apoi cele Trei Moire se făcură nevăzute.

Copilei i se dădu numele de Arahne. Și, după cum era obiceiul, mama ei o învăță să toarcă și să coasă.

Arahne era mai iscusită la cusut și brodat decât toate prietenele ei. Torcea lâna până când firele erau ușoare și moi. Dar cu adevărat minunate erau țesăturile sale. Țesea șaluri fine, fețe de masă care nu se rupeau niciodată și covoare în culori uluitoare.

Vestea despre îndemânarea fetei se răspândi în tot ținutul. Oamenii veneau de departe ca să cumpere lucruri făcute de mâna ei.

Într-o zi, o bătrână veni s-o viziteze pe Arahne. Ea se uită cu luare-aminte la țesături. Își trecu degetele peste pânză, ca să vadă cât era de moale. Apoi ținu țesătura în lumină, ca să vadă cât era de bine lucrată.

— Poveștile sunt adevărate, ești o mare artistă! spuse bătrâna în cele din urmă. Zeița Atena a născocit țesutul. Cred că ai învățat chiar de la ea meșteșugul ăsta.

Arahne își ridică ochii de pe războiul de țesut.

— Nu Atena m-a învățat, spuse ea. Am învățat singură.

— Atena trebuie să fie cea care te inspiră, spuse bătrâna.

Arahne se opri din țesut.

— Ceea ce știu nu are nicio legătură cu Atena. Am învățat totul singură, muncind din greu.

— Ai grijă, copilă, spuse bătrâna aruncându-i o privire aspră. S-ar putea s-o superi pe Zeiță.

— Atena chiar ar trebui să fie supărată, râse Arahne, pentru că mă pricep mai bine la țesut decât ea!

Deodată bătrâna își dădu jos mantia. Era chiar Zeița Atena, purtând pe cap coiful strălucitor și ținând în mână scutul ei de aur.

— Vom vedea cine țese mai bine! strigă mânioasă Atena. Hai să ne luăm la întrecere!

În încăpere apărură încă două războaie de țesut și un coș plin cu lână colorată.

Arahne zâmbi.

— Știu cine va câștiga! spuse ea.

Atena și Arahne se puseră pe treabă. Întinseră firele de lână pe război, pe verticală, de la un capăt la altul. Apoi prinseră lâna de suveicile de lemn ascuțite, și traseră firele pe orizontală. Țesură și tot țesură, cu pricepere și iuțeală. O mulțime de curioși se strânseseră să le vadă.

Atena țesu chipurile Zeilor. Zeus ținea în mână un fulger strălucitor. Hades era înconjurat de pietre întunecate. Poseidon era stropit cu lână cenușie, ce amintea de spuma mării. În mijloc era un măslin verde. Și, lângă el, o imagine strălucitoare cu însăși Atena.

Mulțimea era uimită!

Arahne alese lână neagră și țesu cu ea cerul nopții. Țesu o lună albă și rece, și o puzderie de stele cusute cu fir de argint. În mijloc țesu un soare galben, ale cărui raze aurii se pierdeau în întuneric. Oamenii priveau uluiți țesătura. Luna, stelele și soarele păreau că se mișcă pe cerul nopții. Se învârteau de-a lungul țesăturii. Mulțimea încremenise. Arahne țesuse o hartă vie a cerului.

Oamenii o ovaționară. Arahne era cea mai bună țesătoare!

— Cum îndrăznești să mă insulți? strigă Atena. Dacă tot îți place așa mult să țeși, atunci țese pe vecie!

Atena o lovi pe Arahne în cap cu suveica de lemn, iar fata începu pe dată să se micșoreze. Se făcu din ce în ce mai mică. Brațele și picioarele îi dispărură, capul i se făcu una cu trunchiul, ochii îi ieșiră din orbite, mari și rotunzi. Din trup îi crescură opt picioare lungi, subțiri și păroase.

Arahne se preschimbase în păianjen. Se urcă repede pe perete și se ascunse într-un colț.

Din ziua aceea, păianjenul țese fire mătăsoase și plase subțiri. El este cu adevărat cel mai iscusit țesător, pentru că nu există două plase la fel, fiecare este unică. Păianjenul își țese povestea iar și iar.

Spune cum a fost creată lumea. Cum Zeii sunt pretutindeni, ascunși în soare, piatră și mare. Cum lumea mitologiei grecești se află peste tot în jurul nostru.

*Cuvântul „arahnidă" denumește clasa de nevertebrate
din care face parte păianjenul, și își are originea
în povestea pe care v-am spus-o.
Atunci când vedeți o pânză de păianjen,
amintiți-vă că vă puteți țese propriul destin,
și puteți realiza lucruri minunate în viață.*

Trei mere de aur din cer căzură,
unul pentru cel care spune povestea,
al doilea pentru cel care-o ascultă
și ultimul pentru cel ce-o va rosti pe următoarea!

INDICE DE ZEI ȘI EROI

Afrodita – Zeița Dragostei și a Frumuseții

Andromeda – prințesă etiopiană

Apollo – Zeul Soarelui

Arahne – eroină a țesutului

Atalanta – eroină a alergatului

Atena – Zeița Înțelepciunii

Belerofon – erou care mergea călare pe Pegas

Cele Trei Graie – ghicitoare care împărțeau un dinte și un ochi

Cele Trei Moire – țeseau destinul fiecărui om

    Atropos – taie ața vieții

    Klotho – învârtea ața vieții

    Lachesis – măsura ața vieții

Cerber – fiară cu trei capete, care păzea Infernul

Cronos – Titan și tată al Zeilor

Danae – mama lui Perseu, prințesă din Argos

Demetra – Zeița Grânelor

Epimeteu – Titan. Numele lui înseamnă *judecată* în greaca veche.

Euridice – nevasta lui Orfeu, care pleacă în Lumea de Dincolo

Hades – Zeul Infernului

Hefaistos – Zeul Focului

Hera – Regina Cerului

Hermes – Mesagerul Zeilor

Hestia – Zeița Focului și a Căminului

Himera – monstru cu trei capete (de leu, de șarpe și de capră)

Luntrașul – numele lui în greaca veche era Charon. Traversa morții peste râul Styx.

Mama Pământ – mama Titanilor, numele ei era Gheea

Marsyas – Satir care cânta din fluier

Meduza – Gorgonă cu părul făcut din șerpi

Melanion – erou îndrăgostit de Atalanta

Memoria – mama Muzelor, numele ei era Mnemosina

Midas – regele cu urechi de măgar

Muzele – inspirau Artele în Grecia Antică:

    Caliope – Muza Poveștilor

    Clio – Muza Istoriei

    Erato – Muza Poeziei

    Euterpe – Muza Muzicii

    Melpomene – Muza Tragediei

    Polimnia – Muza Cântecului

    Talia – Muza Comediei

    Terpsihora – Muza Dansului

    Urania – Muza Astronomiei

Orfeu – povestitor și cântăreț, care coboară în Infern

Pan – Zeul Pădurilor

Pandora – eroină care dă drumul Speranței în lume

Pegas – cal înaripat, care a dat numele constelației Pegasus

Persefona – Zeița Primăverii, care iarna trăiește în Lumea Subpământeană

Perseu – erou care a ucis Meduza

Poseidon – Zeul Mării

Prometeu – Titan. Numele lui înseamnă *chibzuință* în greaca veche

Regele din Serifos – dușman al lui Perseu, care este transformat în piatră

Rhea – Titanidă și mamă a Zeilor

Tatăl Cer – tatăl Titanilor, numele lui era Uranus

Zeus – Zeul Văzduhului și al Cerurilor. Regele Zeilor

◾ BIBLIOGRAFIE ◾

Din literatura veche

The Library of Greek Mythology, Apollodorus, în traducerea lui Robin Hard, Oxford World Classics, 1997
    Miturile Greciei strânse într-un volum ce datează din secolul V d.Hr. Această traducere le aduce la viață.

Metamorfozele, Ovidiu, în traducerea lui David Raeburn, Penguin, 2004
    O versiune minunată a miturilor poetice ale lui Ovidiu.

Teogonia, Munci și zile, Hesiod, în traducerea lui ML West, Oxford World Classics, 1988
    Cea mai veche sursă a mitologiei grecești, datând din sec. VIII î.Hr. Când îl citești pe Hesiod, este ca și cum ai auzi un glas care-ți vorbește din trecut. El spunea că băuse din Fântâna Calului și de acolo îi venise inspirația. O poveste magică.

Din literatura modernă

The Age of Fable, Bullfinch, Everyman, 1855
    O versiune romanțată a miturilor, care acum fac parte din cultura noastră și sunt din ce în ce mai cunoscute.

The Gods of the Greeks, Carl Kerenyi, Thames and Hudson, 1951
    Variante cuprinzătoare ale miturilor, bazate în mare măsură pe surse din Grecia Antică.

Greek Mythology - an Encyclopaedia, Richard Stoneman, the Aquarian Press, 1991
    Un dicționar detaliat și util.

The Greek Myths 1 and 2, Robert Graves, Penguin Books, 1955
    Toate poveștile, însoțite de notele și părerile autorului, la care se adaugă bibliografia.

Tales of the Greek Heroes, Roger Lancelyn Green, Puffin, 1958
    Repovestiri pline de farmec pentru copii.

Comentarii

The Seven Myths of the Soul, Tim Addey, The Prometheus Trust, 2000
    O călătorie filosofică în înțelepciunea vie a miturilor Greciei.

The Uses of Greek Mythology, Ken Dowden, Routledge, 1992
    Studiază existența miturilor în societatea Greciei Antice.